DU

GOUVERNEMENT REPRÉSENTATIF.

Imprimerie de A. GUYOT,
rue Neuve-des-Petits-Champs, 37.

DU
GOUVERNEMENT REPRÉSENTATIF,

PAR M. GRANDIN.

> Tout cela ne doit pas me dispenser
> d'être poli. J'offre l'hommage de mon
> profond respect au Gouvernement
> représentatif.

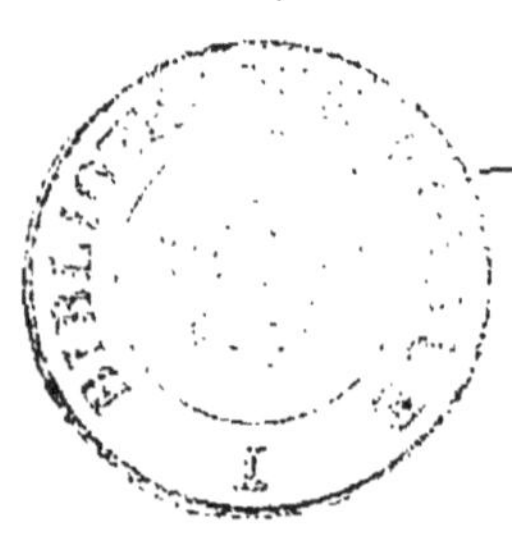

PARIS,

CHEZ AMYOT, LIBRAIRE,

RUE DE LA PAIX, 6.

1842.

AVERTISSEMENT.

Chaque génération nouvelle offre
le même spectacle : toutes professent
un égal mépris, au moins un égal dé-
dain, pour la génération prête à dis-
paraître. Les jeunes gens, avant d'a-
voir entièrement secoué leur poussière
de collége, encore sans connaissance
du monde, sans expérience, se rient
des idées de leurs pères ; ils se garde-
raient bien d'adopter ces idées, condamnées comme surannées par leur
imagination ardente autant que no-
vice ; ils les traitent comme une de ces
vieilles défroques dont on croirait ri-
dicule de s'affubler.

Ce travers, presque général chez les hommes considérés individuellement, est le nôtre aujourd'hui, si l'on nous considère en masse, c'est-à-dire comme peuple. D'après notre pensée, les institutions anciennes n'ont été que les résultats informes de tâtonnemens aveugles, que des œuvres de l'inexpérience; tout le passé n'a été que préparatoire; nous seuls sommes arrivés à la découverte des vrais principes d'une organisation sociale parfaite; nous seuls sommes appelés à les féconder, à faire naître les institutions destinées à assurer le bonheur et la paix publiques; nous seuls, enfin, méritons le titre de peuple civilisé; les siècles écoulés étaient tous, plus ou moins, plongés dans la barbarie.

Et sur quoi se fonde cette prétention? Sommes-nous meilleurs, plus heureux que les anciens? Non. Avons-nous une organisation intérieure bien cimentée? Non. Sommes-nous d'accord sur tous les détails de notre administration, sur la direction à donner aux affaires publiques, sur notre législation, sur les limites des attributions de chacun des pouvoirs composant notre Gouvernement? Non. Sommes-nous délivrés pour toujours des luttes intestines? Non. Règne-t-il entre nous et les autres peuples une harmonie telle, que nous n'ayons à craindre, au moins de long-temps, aucune guerre extérieure? Non, toujours non.

Aussi sommes-nous obligés de ne reconnaître le présent que comme transitoire, de nous considérer seulement comme appelés à poser les bases d'un édifice dont l'achèvement est réservé aux générations futures. Et quelle est la principale de ces bases? Le Gouvernement représentatif, monument destiné à servir de modèle à toutes les nations présentes et à venir.

Je ne crois nullement à la solidité de ce monument, dont je vais parcourir les parties principales; j'examinerai, du reste, le Gouvernement représentatif avec l'impassibilité, l'insouciance d'un esprit devenu veuf, d'année en année, de jour en jour, de toutes ses illusions si séduisantes, et seul, aujourd'hui, en présence de la figure chagrine de la triste Réalité.

Qu'importe la forme des gouvernemens? S'il peut en exister une parfaite, peut-on en espérer une durable? L'homme n'est-il pas harcelé par un instinct funeste pour tout dénaturer, tout corrompre? Qu'un génie supérieur nous dote des lois du gouvernement le plus parfait, elles se conserveront pures pendant deux, peut-être trois générations, puis elles s'altéreront peu à peu; les abus s'enlaceront autour d'elles pour les corroder, les passions se heurteront sans relâche contre elles pour les ébranler. Bientôt, que restera-t-il d'un chef-d'œuvre d'ordre social? Ce qui reste des palais, des temples de Palenque, des ruines...

Cependant, si toutes nos combinaisons sociales sont condamnées à une existence éphémère, elles naissent plus ou moins vivaces; quelques-unes, d'une constitution robuste, résistent à l'action des dissolvans qui les rongent et entretiennent un assez long temps, même après un commencement de corruption, l'ordre et la tranquillité si nécessaires pour la prospérité des peuples, et dont nous aurions particulièrement tant besoin après une tempête d'un demi-siècle.

Telles ne sont pas les conditions du Gouvernement représentatif; composé d'élémens hétérogènes dont la fusion est impossible, son existence ne peut être durable; enflammant, sans interruption, toutes les mauvaises passions de l'homme, il est contre son essence de pouvoir nous procurer l'ordre et la tranquillité. Il serait impossible pour le moment d'y substituer autre chose, mais on sera bien obligé de s'y décider tôt ou tard, et je fais des vœux pour qu'on en reconnaisse la nécessité le plus tôt possible; on épargnera la perte d'un temps précieux en renonçant à la tentative de perfectionner un régime trop vicieux pour pouvoir jamais devenir seulement passable.

GOUVERNEMENT REPRÉSENTATIF.

Avant d'aborder le Gouvernement représentatif, je demande : convient-il qu'un peuple règle lui-même ses institutions ?

Je sais qu'on va me répondre : « quelle « question ! peut-on la proposer sérieuse- « ment dans un siècle de lumières ! Et qui « donc fera les meilleures lois, si ce n'est « une nation réunissant tous ses efforts pour « les amener progressivement à une per- « fection presque idéale ? Ne sait-elle pas, « plus que personne, ce qui lui convient, ce « qui répond le mieux à son caractère, aux « besoins de l'époque ? Contester ces grandes « vérités, c'est combattre pour les ténèbres « de la barbarie; voudrait-on essayer de « nous y replonger ? »

J'en demande sincèrement pardon aux six ou sept cent millions d'individus de mon espèce qui s'agitent épars sur l'épiderme de notre globe, mais je tiens pour vérité qu'il n'est pas d'idée, si folle qu'elle soit, qui ne puisse germer, se développer, s'épanouir, fleurir, fructifier, dans une des alvéoles du cerveau humain; ce qui n'empêche pas l'homme d'être la plus raisonnable de toutes les créatures.

Aussi rien ne m'étonne, rien ne m'émeut, et tout ce que j'ai entendu dire pour démontrer la supériorité, sur tous les autres, d'un peuple, *son propre législateur*, j'ai tout écouté, je le dis franchement, là, bien franchement, je n'y mets pas d'amour-propre, j'ai tout écouté, sans me sentir le besoin de dissimuler le plus imperceptible sourire.

Minos ! Eaque ! Rhadamante (1) ! légis-

---

(1) Je pense à une chose : ces braves juges doivent croire la terre entièrement dépeuplée d'humains, puisque ce n'est plus chez eux que nous al-

lateurs des vieux temps, malgré votre gravité séculaire, je vous porte le défi de soutenir sérieusement comme moi un si rude assaut. Mais non, restez dans votre sombre manoir, par les éclats de votre hilarité vous ébranleriez le monde.

Qu'avais-je à faire, veuillez me l'apprendre, d'évoquer ces juges retraités ? l'idée de l'enfer m'a pénétré de tristesse. En vérité, je ne sais plus ce que j'avais à dire. Allons ! il faut que je dissipe mes noires pensées ; je vais conter une histoire ; laquelle ? n'importe, la première venue.

Certain professeur languissait d'ennui dans son poste subalterne et passablement fastidieux ; peut-être aussi sentait-il parfois l'aiguillon de l'ambition, ce qui serait bien pardonnable ; il nous faut une religion, et qui pourrait-on blâmer de sacrifier à l'unique Dieu du jour ? Bref, notre digne homme

lons recevoir la récompense de nos vertus ou la punition de nos crimes. Cette idée doit leur faire de la peine.

ne m'a pas fait confidence de ses motifs; toujours est-il vrai qu'il se décide un jour à s'ins-
tituer chef d'un pensionnat, et à le créer
lui-même d'après des vues entièrement neu-
ves; toutes ses dispositions faites, il attend
qu'il ait fait l'acquisition d'un nombre raisonnable d'élèves, puis un beau matin, tous
rassemblés en demi-cercle, il leur parle ainsi :

« Mes chers petits amis, jusqu'à ce jour,
constitués d'une manière provisoire, nous
avons marché à l'aventure, mais cet état de
choses doit cesser; dans tout établissement
il ne peut y avoir que trouble, désordre,
confusion, si l'on n'a déterminé d'une manière claire, précise, les droits et les devoirs
de chacun. Il nous faut donc un réglement,
et j'avais eu d'abord le projet de le rédiger
moi-même, mais j'ai craint qu'il ne vous
convînt pas, qu'il vous causât des contra-
riétés journalières, et j'ai préféré, dans l'intérêt de votre tranquillité, de votre bonheur,
vous abandonner le soin de déterminer les
règles auxquelles il vous plaira de vous soumettre. Je me réserve la tâche de les faire

observer, et elle sera peu pénible; vous trouverez facile d'obéir à des lois que vous aurez dictées vous-mêmes. »

Et nos Lycurguillons de se mettre à la besogne aussitôt; et tous de parler à la fois, ils étaient douze, ils faisaient du bruit comme cent. Cependant, qu'on ne redise pas qu'il ne se fait plus de miracles, ils ont fini par s'entendre, à peu près, et après quinze jours de savantes discussions, avec force intermèdes de taloches, ils promulguent un chef-d'œuvre que je recueille ici pour l'instruction de la postérité.

CONSSETITUCION

DU

CAULAIJE MAUDAILE (1).

ARTICLE PREMIER.

Pleins pouvoirs sont donnés à Monsieur le

---

(1) J'ai conservé l'orthographe du titre, mais, pour le surplus, j'ai rectifié les fautes dont on peut juger le nombre et la qualité d'après le début.

Directeur pour gouverner, ainsi qu'il l'avisera, ses élèves soumis, qui s'en rapportent entièrement à lui, confians qu'ils sont dans sa prudence, sa sagesse, sa justice, sa bonté.

Seulement, et pour obéir aux ordres de Monsieur le Directeur, ils ont arrêté quelques dispositions de détail, ainsi qu'il suit :

Art. 2.

Il y aura, de droit, congé complet tous les jeudis et dimanches, sans préjudice des chomages qui pourraient avoir lieu extraordinairement dans toutes les circonstances qui sembleraient les rendre exigibles, ou au moins convenables, et alors il suffira de cinq voix pour que tous soient tenus de suspendre leurs travaux.

Art. 3.

Il n'y aura jamais, sous aucun prétexte, ni pensum, ni patoches, ni pénitences, ni prison, ni retenues les jours de sortie.

Art. 4.

Nul élève ne pourra se dispenser de travailler assidûment pendant les heures qu'il passera dans les classes ; toutefois, il ne pourra être contraint d'y rester plus long-temps qu'il ne lui conviendra.

Art. 5.

Les élèves pourront expulser leurs professeurs toutes les fois qu'ils croiront avoir à s'en plaindre, et Monsieur le Directeur aura à pourvoir, sur le simple avis qui lui en sera donné, aux emplois qui se trouveraient vacans.

Art. 6.

Sont supprimés dès ce jour, sans pouvoir être rétablis jamais, les agens inférieurs institués ordinairement à la police des classes et des cours aux heures de récréation, les élèves se chargeant de faire eux-mêmes cette police.

Art. 7.

Les élèves se réservent, pour eux et leurs successeurs à perpétuité, le droit de faire aux dispositions ci-dessus tels changemens, suppressions ou additions que les circonstances pourraient suggérer.

ART. 8 ET DERNIER.

Monsieur le Directeur est prié respectueusement de veiller à l'exécution de la présente Charte, qui demeurera placardée dans toutes les classes et dans les cours, afin que MM. les professeurs ne puissent en prétexter cause d'ignorance, et qu'ils aient à s'y conformer.

Fait, etc., etc.

A la lecture de cette constitution, le pauvre Directeur....

Mais je m'aperçois, un peu tard peut-être, que mon historiette est par trop étrangère à mon sujet. Maintenant les sombres tableaux de l'enfer se sont évanouis, et mes idées ont reconquis leur lucidité.

Je vais donc revenir,.... je ne puis pas dire à mes moutons, puisqu'il s'agit de l'homme.

Sans être ni Breton, ni Normand, je suis parfois aussi têtu que la plus obstinée de toutes les Iris messagères en Malaga.

Je ne délaisse donc pas ma question, j'y tiens, au contraire, je m'y cramponne, on ne me l'arracherait qu'avec la vie. Je la reproduis dans sa pureté originelle :

Convient-il qu'un peuple règle lui-même ses institutions ?

Une question parfois est un bon aide pour en éclaircir une autre; voyons si ce procédé me réussira.

Les lois *contre* les voleurs, chargerez-vous des voleurs de les faire ?

Les lois *contre* les assassins, chargerez-vous des assassins de les faire ?

Les lois *contre* les incendiaires, chargerez-vous des incendiaires de les faire ?

La réponse sera unanime; en tous lieux, en tous temps, on répondra : non.

Pourquoi ne pas trouver le même accord lorsqu'il s'agit des lois régissant les peuples ? pourquoi ? Je le sais bien, mais je ne pourrai pas le dire sans appeler un orage sur ma tête; n'importe, je le brave, je brave le canon, la mitraille; avec un front serein, et d'une voix assurée, je dis :

Vous vous trompez étrangement sur le caractère des institutions d'un peuple, elles ne sont pas faites *pour lui*, mais *contre lui*.

Ne vous hâtez pas de me lapider ! patience ! tâchons de nous entendre.

Contre lui ! non pas pour l'opprimer, l'écraser, le réduire à la misère. Je ne veux pas qu'un seul pays ressemble à une basse-cour gouvernée par une fouine, ou plusieurs fouines; je ne le veux pas, et l'on peut croire à la sincérité de ma déclaration, puisque je ne suis pas fouine. Je vais expliquer ce que je veux.

Dans nos ruches, nous voyons les abeilles, sous la surveillance d'une reine, travailler avec ardeur à l'œuvre commune. Elles immolent impitoyablement, il est vrai, tous les incapables, tous les inutiles qui seraient à charge aux travailleuses, sans rien produire, sans rien rapporter; mais dès qu'elles ont consommé cet acte de cruauté, néces-

saire sans doute à l'existence de leur société, elles se distribuent leur tâche, et sans
querelles, sans combats, elles luttent d'ému-
lation dans leurs occupations réglées suivant
un ordre constant, qu'aucune discussion n'a
troublé hier, ne trouble aujourd'hui, ne
troublera demain ; d'après des principes qui
se transmettent, sans alliage, de génération
en génération ; toujours, chez ce petit peuple, règnent la paix et l'activité.

Pourtant il n'a aucune loi écrite sur le
parchemin, ou gravée sur le marbre.

Chez nous, quelle différence ! que de
monceaux de lois n'ont pas été entassés pour
établir dans nos sociétés un ordre régulier
qui n'a jamais été que momentané, qui n'a
jamais pu résister à nos querelles, à nos
dissensions, à nos guerres civiles !

Mais si, comme les abeilles, nous avions
en nous le sentiment de l'association, pas
plus qu'elles nous n'aurions besoin de lois,
jamais on n'eût conçu la pensée d'en écrire.
Or, à quelque époque que nous remontions
dans l'antiquité, nous trouvons des Codes

écrits pour prescrire aux peuples les conditions de leur agrégation, et, en suivant le cours des siècles, nous voyons les peuples sans cesse en révolte contre ces Codes, les foulant aux pieds, et les remplaçant par d'autres, impuissans, comme les premiers, à contenir leur inquiétude, leur turbulence.

N'est-il pas évident, d'après ce fait que personne ne peut me contester, qu'il y a antipathie entre nos instincts et *les gênes* d'un ordre social quel qu'il soit; que l'état social est *contre notre nature*; que nous ne pouvons nous y maintenir que par la contrainte; que les peuples sont toujours disposés à secouer le joug le plus léger. Par conséquent, aucun peuple ne peut éviter sa dissolution, si on ne lui impose des entraves, des liens qui, rendant impuissantes ses tentatives de folle indépendance, le retiennent groupé *malgré lui.*

Ces entraves, ces liens, sont, en réalité, dans son intérêt; ainsi, au fond, ils sont *pour lui,* mais ils tendent à le mettre dans l'impossibilité d'obéir à ses mauvais penchans, à contrarier ses inclinations, à le tenir dans un état de contrainte continuelle, à lui faire faire enfin autre chose que ce qu'il voudrait, on peut donc dire qu'ils sont *contre lui*, et c'est dans ce sens que j'avais employé cette expression.

Nous sommes bien fiers de notre industrie, de notre civilisation, et d'humbles hyménoptères nous donnent trois exemples qu'il nous est impossible d'imiter, elles savent faire de la cire et du miel, et vivre en paix.

Comme je ne veux pas m'exposer au reproche de radotage, je me garderai bien de répéter à chaque page : convient-il qu'un peuple, etc., cela deviendrait fastidieux. Je n'abandonne pas ma question pourtant, elle est mon champ de bataille ; seulement, il est tout naturel que je n'y engage l'action générale qu'après avoir fait toutes mes dispositions, et je ne suis pas encore en mesure, j'ai besoin de faire de la stratégie. On ne comprendra pas l'intention de mes manœuvres, mais voilà précisément le but du stratégiste, c'est de dérober ses mouvemens à l'ennemi, et de l'amener insensiblement sur le terrain où il a projeté de le combattre. Pour moi, je ne puis que dissimuler la route qui doit me conduire sur mon champ de bataille, puisqu'il est connu ; vous n'avez pas oublié : convient-il qu'un peuple.... je daigne vous épargner le reste.

D'après les prescriptions de religions antiques, tout voyageur était contraint à faire telle prière pour un arbre (1), telle prière

----

(1) Sans être en voyage, on était astreint à réciter une prière à chaque action de la vie : en se coupant les ongles, en se coupant les cheveux, en se couchant, en se réveillant, *avant de couper un vêtement dans une pièce d'étoffe,* après avoir éternué.

Je citerai seulement la dernière comme ayant du rapport avec notre *Dieu vous bénisse !*

pour une tour, telle prière pour une montagne, telle prière pour un lac, pour un fleuve, pour le plus modeste ruisseau, de sorte qu'il était impossible d'avancer d'une centaine de pas sans avoir à réciter quelqu'une des nombreuses oraisons comprises dans les devoirs si minutieux imposés à tous dans ces temps reculés.

Que le Gouvernement s'avise de présenter une loi ayant pour objet de nous soumettre aux mêmes obligations, je laisse à penser quelle tempête souleverait une telle tentative dans nos assemblées législatives. « A quoi « peuvent servir de pareilles vétilles ? n'a- « vons-nous rien de mieux à faire que de « psalmodier des litanies ? est-ce pour nous

---

C'est le désir d'Ormusd que le chef fasse des actions pures.

Je remercie Dieu de ce que l'éternuement est venu par sa libéralité, par sa justice, qu'en tous lieux, en tous temps, les dews qui sont dans mon corps soient brisés, soient frappés par vous, ô grand Ormusd ! qui frappez avec force le dew ennemi de votre loi.

« ravir le temps précieux que nous employons
« si utilement à la défense des libertés pu-
« bliques, qu'on veut nous le faire gaspiller
« en momeries? non ! nous ne nous laisserons
« pas transformer en automates montées
« pour seriner toujours les mêmes airs. »

Ils étaient trop sages les anciens législateurs pour avoir imposé des exigences de
chaque instant du jour, sans but, sans qu'il
put en résulter un avantage quelconque; ils
ne nous ont pas révélé leur secret, mais il
n'est pas impossible de le leur dérober.

L'oisiveté, nous dit-on, est la mère de
tous les vices; voilà une des erreurs colos-
sales de notre siècle. Qu'on n'essaie pas de
la défendre, on ne serait pas de force, je
suis là sur mon terrain.

Je mets la dernière main à un travail de
la plus haute importance; il présente la gé-
néalogie de nos vices, de nos passions, de
nos vertus. Cet ouvrage ne peut manquer
de me faire beaucoup d'honneur, et j'espère
bien qu'on m'appellera le d'Hozier des passions de l'homme.

Eh bien ! non, l'oisiveté n'est pas la mère de tous les vices, elle n'en est que la bisaïeule, et je vais démontrer cette sublime vérité, en donnant un avant-goût de mon système.

SOUCHE.

L'Oisiveté.

Elle produit spontanément, de son unique substance :

PREMIER DEGRÉ.

L'Ennui.

De son union avec la paresse sont issus :

DEUXIÈME DEGRÉ.

| Les désirs criminels. | Les mauvaises pensées. |

Ils jettent le désordre dans l'esprit de l'homme, ils en préparent la corruption.

De leurs unions incestueuses sont issus :

TROISIÈME DEGRÉ.

| Les vices. | Les passions honteuses. |

Continuant l'œuvre de leurs auteurs, ils achèvent la dépravation de l'esprit et du cœur de l'homme.

De leur commerce nauséabonde sont issus :

QUATRIÈME DEGRÉ.

Les crimes.

Suivant, sans dévier, les traditions que leur ont léguées les deux précédentes générations, ils recueillent le fruit de cette persévérance, ils entraînent l'homme à la prison, à l'échafaud.

Peut-être ai-je commis une imprudence en livrant cet échantillon au public; dans notre siècle, si riche en livres, si pauvre en pensées, il faut plus de précautions. Pourrait-on m'assurer que déjà quelqu'un de ces braconniers, toujours à l'affût du gibier d'autrui, ne s'est pas fait rapporter ma pièce précieuse par sa Diane ou son César, pour la vendre au marché comme conquête d'une chasse légitime ?

Heureusement, j'en ai dit assez pour constater mon titre d'inventeur, et je fais ici toutes réserves pour la conservation de mes droits d'auteur.

Nous voyons que, pour repousser loin de nous le crime, il faut nous mettre en garde contre les vices, contre les mauvaises pensées, contre l'ennui, et par conséquent ne pas nous abandonner à l'oisiveté, qui peut nous faire faire le premier pas vers la hache du bourreau. Pourtant, comment se soustraire à sa pernicieuse influence dans le cours d'un long voyage où elle s'est établie notre compagne inséparable ? Ici, le législateur était venu à notre secours ; ne pouvant éloigner de nous l'oisiveté, il avait voulu la rendre stérile, prévenir la naissance des mauvaises pensées, les faire avorter par des occupations qui en arrêtent le développement; en un mot, le législateur s'était attaché à distraire l'homme de lui-même.

Il est évident que nos députés, incapables de concevoir de mauvaises pensées, se riraient de semblables précautions, mais tous les hommes ne sont pas députés, et malheureusement les crimes dont nous sommes journellement témoins suffisent pour nous prouver qu'elles ne seraient pas superflues.

Que conclure de ces prémisses? que les lois d'un peuple se divisent en deux classes, celles qui tendent à prévenir le mal, et celles qui le punissent. Évidemment les premières, qui sont certainement les plus importantes, ne peuvent consister qu'en un frein imposé aux passions qui pourraient entraîner les hommes à leur perte. Reste à savoir si l'on peut espérer que les hommes consentent à fabriquer un frein destiné à dompter des passions dont ils sont les esclaves? Et que l'on y prenne bien garde! si on leur concède le droit de le forger, ils sauront bien s'arroger le droit de le briser, et qu'adviendra-t-il alors?

Consultez le bouillant andaloux qui, dans ce moment, piétine impatient devant moi; il vous demandera d'abord de supprimer le filet qui sert à lui presser la langue, puis la bride, puis le mors, soyez sûr qu'ensuite il ne tardera pas à jeter son cavalier à terre, ou qu'avec lui bientôt il se précipitera dans une fondrière.

Nous voici revenu sur mon champ de bataille; je ne m'en étais pas éloigné, je n'avais pas cessé de le côtoyer, je m'étais glissé seulement à travers des ravins qui dérobaient mes marches et contre-marches pour préparer mes batteries; elles sont prêtes maintenant, je donne à mes cohortes le signal de l'attaque, le combat ne sera pas long.

Ainsi donc, l'art de gouverner les hommes ne consiste pas seulement *à punir*, mais, avant tout, à épuiser jusqu'aux moindres moyens *de prévenir*.

Les lois déterminant les punitions, les peines, doivent être claires, précises, sans équivoque, sans obscurité.

Il n'en est pas de même des lois *préventives* destinées à protéger l'homme contre lui-même; leur but doit rester ignoré, il faut le couvrir avec soin d'un autre but bien apparent, qui absorbe l'attention des peuples; celui-ci est censé le véritable, tandis qu'il n'en est que le masque.

En prenant pour exemples les prescriptions religieuses dont j'ai fait mention plus haut, peut-on dire à un peuple : tu seras restreint à telles actions journalières; elles sont sans utilité en elles-mêmes, je l'avoue, mais elles te serviront de passe-temps, elles t'empêcheront de penser au mal, et te serviront d'égide contre les tentations de vol, d'assassinat. Certes, ce peuple méprisera des lois présentées sous cet aspect; il faut donc les dissimuler sous un vernis qui les lui fasse respecter.

Or, comment dissimuler le but d'une loi à un peuple qui participerait à sa rédaction, soit par lui-même, soit par des délégués chargés de la discuter publiquement ? Évidemment, s'il ne pénètre pas l'intention du législateur qui la propose, il la rejettera comme inutile ; il la repoussera comme une offense s'il est plus clairvoyant.

Ainsi, un peuple, par le fait de son intervention dans les travaux législatifs, est privé *nécessairement* des institutions qui pourraient le garantir *à son insu* des maux dont il est affligé ; il est réduit aux lois qui punissent les auteurs de ces maux après qu'il en a souffert ; il a rejeté loin de lui *les freins* qui le protégeaient contre ses passions désordonnées ; il se croit libre, et n'est autre chose que le jouet misérable de ces passions ; elles le livrent, sans relâche, aux caprices déréglés de leur despotisme, de leurs fureurs ; elles s'acharnent, sans pitié, après leur proie, encouragées par sa faiblesse ; elles l'entraînent de précipice en précipice, de gouffre en gouffre, et l'abandonnent au fond de l'abîme, épuisé, haletant ; les vautours alors guettent son agonie, et n'attendent même pas son dernier soupir pour s'arracher affamés ses membres palpitans.

Telle sera la fatale destinée de tout peuple qui s'obstinera dans la prétention de se guider lui-même ; après une longue série de malheurs, de calamités, de carnage, de révolutions, il se décomposera en lambeaux que se disputeront ses voisins ; son nom n'existera plus qu'en souvenir, il n'aura plus rien à graver sur les tablettes de l'histoire.

Ai-je tort de dire : non, il ne convient pas qu'un peuple règle lui-même ses institutions. — Ai-je perdu la bataille ?

On ne manquerait pas de me faire une objection que je dois m'empresser de prévenir, et ceci m'amène enfin au Gouvernement représentatif; je ne le quitterai plus, c'est à lui que je me cramponne maintenant.

Si je veux lui appliquer les réflexions générales qui précèdent, on me dira : « Nous « ne pouvons pas être dénués entièrement « de vos institutions protectrices; nos députés auront toujours assez de perspicacité « pour deviner le but de certaines lois; ils « seront toujours assez éclairés pour en reconnaître la sagesse; ils n'hésiteront pas à « y donner leur assentiment. »

Mais alors nous voilà presque du même avis.

Si vous m'accordez que les députés peuvent, doivent même, dans de certaines circonstances, se rendre indépendans de la volonté des électeurs, se placer au-dessus d'eux, se poser en législateurs imposant des lois que ceux-ci repousseraient, vous reconnaissez, avec moi, la nécessité, pour gouverner les peuples dans leur intérêt, de fermer l'oreille à leurs vœux *inconsidérés, imprudens, téméraires*. Vous n'avez plus à faire qu'un pas en avant, et vous serez forcé d'avouer que les peuples ne peuvent réussir à établir un ordre de choses raisonnable, s'ils règlent eux-mêmes leurs institutions, puisqu'en les réglant ils s'appliqueraient nécessairement à réaliser des vœux *inconsidérés*, *imprudens*, *téméraires*.

Mais je n'accepte pas l'observation, ce n'est pas ainsi que j'entendrais le Gouvernement représentatif.

Deux de ses élémens se composent de commettans et de mandataires. Pour qu'il y ait véritablement des commettans et des mandataires, il faut que les premiers donnent leurs instructions aux derniers, qu'ils leur expliquent ce qu'ils désirent; qu'ils leur tracent la route dans laquelle ils entendent les engager; en un mot, qu'ils donnent un mandat aux derniers, et que ceux-ci y obéissent scrupuleusement, se considérant élus pour agir, non pas ainsi qu'il leur conviendrait, mais ainsi qu'il convient à leurs commettans. Si les députés n'ont pas de mandat, ou se croient libres de le négliger, il n'y a pas de Gouvernement représentatif, je ne puis voir là qu'un pseudo-gouvernement auquel je ne me charge pas d'appliquer un nom.

Telle est mon opinion ; je sais que beaucoup ne la partagent pas : selon eux, les Députés ne doivent pas avoir d'instructions précises, ils sont institués pour servir d'intermédiaire entre le gouvernement et la nation, pour prendre, *en géneral*, la défense des intérêts de celle-ci, selon que les circonstances dirigeront leur opinion, et sans qu'ils aient à s'inquiéter des désirs des électeurs.

Comment ! nous nommerons un député, en lui disant : Maintenant, partez, et faites tout ce qui vous plaira ! s'il fait tout l'opposé de ce que je voulais, peut-il s'appeler mon représentant ?

Je ne pourrai même pas me procurer la satisfaction de lui en faire des reproches, il me répondrait : « J'ignorais votre opinion « sur telle loi, mais je l'aurais connue que « je ne m'en serais pas préoccupé ; j'ai mis- « sion de défendre vos intérêts, et la mesure

« qui nous était proposée me paraissait
« bonne, je lui aurais donné mon vote,
« quand même j'aurais su que vous y étiez
« opposé; nous devons travailler à votre
« bien-être, même malgré vous quelquefois.
« —Vous avez donc changé d'opinion ? cette
« loi, vous l'auriez rejetée autrefois, et c'est
« précisément parce que nous vous suppo-
« sions dans ces sentimens que nous vous
« avons choisi. — En effet, j'ai changé d'opi-
« nion; j'ai acquis de l'expérience; je sais
« beaucoup de choses que j'ignorais; mes
« idées ont éprouvé une sorte de transfor-
« mation; je vous l'avoue, je ne suis plus le
« même homme. — C'est donc à dire, Mes-
« sieurs les Députés, que nous vous nom-
« mons pour faire une éducation politique
« qui doit vous rallier successivement à nos
« adversaires ! bien obligé de l'avertisse-
« sement, je ne serai pas dupe davantage de
« la mystification; élira des Députés qui le
« voudra, je ne m'en mêle plus, je reste
« chez moi. »

A tous présens et à venir, salut.

Voilà le grand secret du Gouvernement représentatif.

Qu'on veuille bien le remarquer, les personnes qui interprètent ainsi le Gouvernement représentatif plaident ma cause, car enfin, je ne suis pas assez simple pour me persuader que j'ai participé aux travaux législatifs, par le seul fait de mon concours à l'élection d'un Député, qui ne me demande pas mon avis, qui en agit à sa guise, et ne me rendra aucun compte de sa gestion. N'est-il pas évident que les lois sont faites sans moi; qu'elles peuvent l'être contre ma volonté? et pourtant je serai forcé de m'y conformer. En vérité, est-ce ainsi qu'un peuple règle lui-même ses institutions? est-ce là le Gouvernement représentatif pour lequel on fait tant de bruit?

Quoique cette version soit favorable à mon opinion, je répète que je ne l'admets pas; je ne puis réellement me considérer comme acteur dans les travaux législatifs, que si j'ai spécifié au mandataire qui doit m'y représenter ce que je veux, et ce que je ne veux pas; que si j'ai le droit de le surveiller pour m'assurer qu'il ne s'écarte pas de mes instructions; enfin, que si je puis l'interpeller pour lui demander compte de ses votes.

Mais ici se présente un grave inconvénient.

Nos Députés, presque tous, débutent entièrement étrangers aux affaires publiques; plusieurs ne s'inquiètent guère de leur inexpérience; ils ont bien autre chose à faire que de s'enquérir du pourquoi de ceci, du pourquoi de cela; mais ceux qui prennent leur nomination au sérieux, et je dois leur rendre la justice qu'ils sont en très-grand nombre, ceux-ci, dis-je, observent, étudient, méditent, et ils ne tardent pas à reconnaître qu'ils n'avaient pas soupçonné toute la difficulté de leur mission; que, placés jusques-là dans un faux jour, leurs regards n'avaient pu saisir (et encore confusément) que la moindre partie des détails de la science gouvernementale. Ils l'approfondissent alors, et elle leur démontre facilement que tous leurs raisonnemens étaient faux, qu'ils prenaient tout juste la contre-partie du vrai, et qu'ils doivent entièrement changer de système pour travailler à l'intérêt de tous. Enfin, jusqu'alors bas placés, ils voyaient la feuille du gouvernement à l'envers; élevés maintenant près de la cîme de l'arbre, ils la voient à l'endroit, et elle leur apparaît bien différente sous ce nouvel aspect.

Dans l'hypothèse d'un mandat impératif, ils se trouveraient avoir à lutter, ou contre les termes de ce mandat, ou contre leur conscience, persuadés qu'ils seraient dorénavant que leurs instructions sont mauvaises, qu'ils nuiraient à la société en y ayant égard. La position est délicate; que trahiront-ils? leur conscience ou leur mandat? Et il faut qu'ils trahissent l'une ou l'autre, à moins qu'ils ne se retirent, ce qui ne dépendra pas d'eux toujours.

Ainsi, dans l'hypothèse de l'absence de mandat impératif, les Députés, restant libres de prendre telles déterminations qu'ils jugeront à propos, ils représentent seulement *les personnes*, non *les opinions;* il est impossible de soutenir que les lois sont conformes au vœu général, que les peuples règlent leurs institutions eux-mêmes; enfin, il n'y a pas réellement de gouvernement représentatif. Seulement, les peuples exercent la singulière fonction d'adjoindre périodiquement au gouvernement des auxiliaires aussi indépendans d'eux que le gouvernement lui-même; aussi maîtres que lui de leur imposer des lois qui ne leur conviendraient pas. Que gagnent-ils à cette complication de rouages?

Dans l'hypothèse de l'existence du mandat, il y a représentation, non-seulement des personnes, mais encore des opinions; on pourrait dire qu'il y a réellement gouvernement représentatif. Mais les Députés perdent la liberté de leur conscience; quoi qu'il arrive, il faut qu'ils votent selon les termes de leur procuration; que, mieux éclairés, ils reconnaissent leurs instructions en défaut, n'importe, ils seront tenus d'y obéir, par conséquent, de travailler à l'établissement de lois mauvaises, peut-être même dangereuses, et elles devront l'être souvent, puisque les peuples seront toujours enclins à réclamer des lois qui carressent leurs erreurs, leurs préjugés, leurs passions, au lieu de les en guérir.

En résumé, sans mandat, point de Gouvernement représentatif; avec mandat, danger pour les peuples de provoquer et d'obtenir des lois qui leur portent préjudice, qui leur soient funestes, qui préparent leur ruine.

Je vais faire abstraction de ma distinction, puisque, sous les deux espèces, on veut que ce soit toujours le Gouvernement représentatif.

Représentatif de quoi? De l'opinion publique, autrement dit d'une chose qui n'existe pas.

De bonne foi, peut-on croire qu'un brave homme, approvisionné tout juste, bien juste, de la somme d'intelligence nécessaire pour carreler des souliers, puisse rien comprendre aux affaires publiques? Certes, on ne peut me contester que l'immense majorité ne soit dans la même catégorie. Restent donc les hommes plus instruits qui pensent ou sont présumés penser; ce sont eux qui forment ce qu'on appelle l'opinion publique; mais ils sont en bien petit nombre. Elle n'appartient donc qu'à une très-minime minorité qui impose sa volonté aux masses non pensantes, incapables d'avoir un avis quelconque.

Ce n'est pas tout : je demande combien, dans le nombre des hommes pensans, on en peut compter qui partagent complétement la même opinion? Nous pouvons en juger par nos conversations de salon, par nos débats parlementaires, où l'on discute sans cesse, à moins qu'on ne dispute, sans jamais arriver à se convaincre ni de part ni d'autre. En effet, les hommes qui paraissent le plus d'accord au fond diffèrent cependant par des nuances si tranchées, qu'il leur serait impossible de s'entendre pour fondre leurs principes. Aussi, qu'arrive-t-il? Les plus adroits, les plus ardens, les plus opiniâtres, font prévaloir leurs idées, après que les autres, de guerre lasse, ont pris le parti de se taire. Ensorte que l'opinion attribuée à tout un peuple n'est, en réalité, que l'opinion d'une *minorité de la minorité*, et peut-être précisément de la minorité qui doit inspirer le moins de confiance : les plus adroits, les plus ardens, les plus opiniâtres ne sont pas toujours les plus raisonnables. On dédaignerait bien des choses en grande faveur si on les réduisait ainsi à leur plus simple expression.

Si donc il n'existe pas réellement d'opinion publique, notre régime ne peut représenter que des opinions diverses, et, quelle que soit celle qui l'emporte dans le moment, la décision qui lui donnera la victoire, en satisfaisant une opinion, en contrariera cinquante toutes prêtes à prendre leur revanche ; et, comme la même dissidence existera toujours, comme il serait impossible d'amener tous les hommes à penser de même, ce Gouvernement représentatif n'a d'autre résultat qne d'entretenir une lutte plus ou moins animée, plus ou moins acharnée entre ces opinions contraires, sans pouvoir arriver à rien de définitif, attendu qu'en se succédant les hommes hériteront de la même divergence de vues, et recevront, comme legs d'honneur, la mission de continuer la lutte.

Quel bien le pays peut-il recueillir d'une forme de gouvernement incompatible avec la stabilité, dont l'essence est de remettre continuellement tout en question, de tout détruire successivement, avec l'impuissance absolue de rien réédifier de solide, de durable?

Cette impuissance ne doit plus être douteuse, et, ce qui l'explique en partie, c'est que nous nous débattons sans savoir ce que nous voulons. A quoi se réduit, en effet, le fatras des écrits et des discours politiques du jour? A des mots vagues, tels que : réalité du gouvernement représentatif, extension des droits politiques, affermissement des libertés publiques, etc., etc. Mais formulez donc un systême complet, dites-nous positivement: nos institutions ne valent rien, voici ce qu'il nous faut.

Qui pourrait parler ainsi? L'Opposition, puisque c'est elle qui est appelée, dit-on, à la défense des intérêts du pays, dont le premier, le principal intérêt est certainement d'être bien gouverné. Eh bien! je dis qu'elle est incapable d'enfanter seulement une œuvre médiocre, attendu que, ne formant pas une unité, ne présentant qu'une agglomération indigeste de principes contraires, il lui est impossible, il lui sera toujours impossible de s'entendre pour combiner un ordre de choses quelconque, c'est-à-dire, d'arriver à savoir ce qu'elle veut.

Et ici ce n'est pas moi qui la juge, ce sont ses actes eux-mêmes qui la condamnent. Depuis long-temps nous la voyons à l'œuvre, qu'a-t-elle fait? Après une lutte de quinze ans, après avoir acculé la royauté au pied de ses derniers retranchemens, elle l'a renversée. Quel usage a-t-elle fait de sa victoire? de sa

victoire complète, car elle est restée maî-
tresse de la France; tout ce qu'elle eût voulu
faire, elle l'eût fait. Au moment d'une ca-
tastrophe qu'elle devait prévoir, a-t-elle présenté au moins un projet de constitution
conforme à ses idées? Elle n'a rien présenté.
Les principes qu'elle avait combattus avec
tant de persévérance, elle les a conservés in-
tacts, sauf quelques modifications insigni-
fiantes; effrayée elle-même d'une situation
qui pourtant était en grande partie son ouvrage, elle s'est hâtée *d'en finir*, c'est-à-dire
de sortir d'embarras, sauf à y laisser le pays.

On ne bouleverse pas un empire pour le
remettre, après la tourmente, dans la même
situation qu'auparavant. Et la nôtre est
pire: nous n'étions divisés qu'en deux camps,
on en peut compter quatre aujourd'hui.

Ce qu'elle n'a pas fait alors, et dans la cir-
constance la plus favorable, elle ne pourra
jamais le faire, restant toujours empêtrée
dans les chaînes des mêmes impossibilités.

Peut-on prendre la défense d'un prétendu
ordre de choses dont le pouvoir se réduit à

contrarier, entraver la marche du gouvernement, à le renverser même au besoin, sans
posséder les moyens d'effectuer les moindres
améliorations?

Cependant on nous dit : « Malgré les obs-
« tacles qui contrarient sa marche, la France
« s'avance d'un pas ferme vers ses nouvelles
« destinées. »

J'ai trop long-temps été dupe des phrases
sonores pour ne pas m'en méfier aujourd'hui.
Je ne sais plus quel mathématicien répétait
souvent : Sonate, que me veux-tu? A chaque
phrase ronflante, je demande aussi : Phrase
que me veux-tu?

La France marche d'un pas ferme vers ses
nouvelles destinées? Quelles sont ces destinées? Point de réponses, ou je n'en obtiens
que de vagues qui me prouvent que, pour
tous, notre avenir est dans les brouillards;
nous sommes lancés, sans étoile polaire, sur

un océan dont les limites reculent toujours devant nous. Ne craint-on pas de se briser contre des écueils dans le cours de ce voyage aventureux ?

Je vais en signaler un.

Qu'un particulier dépense annuellement tout juste ses revenus, ce ne sera pas là de la dilapidation. Cependant, il pourra se trouver dans des circonstances telles qu'il puisse être taxé d'imprévoyance.

La conduite de ce particulier est absolument celle de notre gouvernement représentatif; il faut que le budget des dépenses balance exactement le budget des recettes ; et, certes, il n'y aurait pas de reproches trop véhémens pour un ministère qui ferait des économies et les tiendrait en réserve pour des circonstances extraordinaires. Comment pourvoir aux frais d'une guerre? Le gouvernement aura recours nécessairement à un emprunt dont il ne pourra pas se libérer si le résultat de la campagne est à son désavantage, et même en cas de succès, car il en est des guerres comme des procès, on se ruine tout en gagnant sa cause. D'ailleurs, on lui conteste le droit de rembourser sa dette. Voilà donc ses charges augmentées, et, plus tard, il se présentera successivement d'autres circonstances qui l'obligeront à recourir au même expédient. Où marche-t-on en empruntant toujours sans jamais rien rembourser? A une banqueroute.

D'autres gouvernemens non représentatifs ont fait des banqueroutes aussi, il est vrai, mais elles n'ont été que le résultat d'abus; elles ne découlaient pas naturellement de l'ordre de choses d'alors; tandis qu'elles seront toujours des conséquences inévitables du régime représentatif qui, forçant le gouvernement à rendre compte de sa gestion, s'opposant à ce qu'il se précautionne contre les mauvaises chances de l'avenir, lui impose la nécessité, dans toutes les circonstances difficiles, d'ajouter à la masse de la dette publique, jusqu'au jour où elle excédera les ressources du pays. Le gouvernement sera bien obligé alors de cesser ses paiemens, c'est-à-dire, de faire banqueroute, et ce désastreux dénouement est inévitable. Quand arrivera-t-il? N'importe, s'il doit arriver tôt ou tard; ne nous occupons pas que de nous, songeons à nos fils.

La même source entraîne dans son cours d'autres inconvéniens. En cas de guerre, le gouvernement se trouvera pris au dépourvu sous le rapport financier; il aura à lutter, sans ressources immédiates, contre un peuple dont la constitution lui aura permis de prendre ses précautions. On voit donc qu'un peuple soumis au régime représentatif a du désavantage sur une nation autrement administrée.

Et si, la guerre commencée, on refusait au gouvernement les moyens de la continuer? Notre patriotisme, dira-t-on, rend ce refus improbable. J'en connais la mesure de notre patriotisme. Lors de notre dernière guerre d'Espagne, de notre expédition contre Alger, de notre siége d'Anvers, que de vœux ont appelé la défaite de nos armées! Que de regrets ont suivi nos succès! Il en serait de même aujourd'hui : il n'en pourrait pas être autrement. Du moment qu'un peuple est appelé à se mêler des affaires publiques, les diverses opinions qui le divisent se forment en groupes, en partis ; les partis, quels qu'ils soient, qu'ils s'arment de la plume ou du poignard, tous sont fanatiques, et le fanatisme n'a pas de patrie.

Ainsi, contrairement à l'opinion générale, le régime représentatif étouffe l'esprit de nationalité. Voilà donc un de ses inconvéniens, je puis dire une calamité, que l'on ne soupçonne même pas, ce qui prouve qu'il n'a pas été suffisamment étudié; ne nous laissons pas éblouir plus long-temps par sa vogue irréfléchie; qu'on l'examine attentivement, sans préventions, et l'on reconnaîtra combien il est loin de nous engager dans une voie de progrès.

Je reviens sur mon assertion, qu'un gouvernement représentatif a du désavantage sur les peuples autrement administrés.

J'admets qu'en cas de guerre le gouvernement ne rencontre pas d'obstacles intérieurs ; toujours est-il qu'il peut les craindre avant de prendre un parti ; que la puissance adverse peut espérer les faire naître par ses intrigues ; qu'elle peut nous en menacer, les faire valoir dans ses discussions avec nos plénipotentiaires. De là, irrésolutions dans nos notes diplomatiques ; de là peut-être des concessions que l'on n'eût point obtenues de notre gouvernement sans cette réflexion : « Vous prenez un ton bien ferme, mais vous « n'êtes pas le maître absolu ; pour faire la « guerre, il vous faudra de l'argent ; êtes-vous « sûr qu'il vous sera accordé ? » Et, pour nous, point de semblable objection à faire, les autres gouvernemens étant libres d'exécuter ce qu'ils ont décidé.

Ne prévoyons pas le cas de guerre ; même dans nos relations ordinaires, les puissances étrangères ne peuvent avoir confiance dans nos conventions. Comment leur en inspire-

raient-elles, puisque chez nous tout est mo-
bile, éphémère? Puisque ce qui est arrêté
aujourd'hui sera détruit demain? Puisque
notre gouvernement peut être exposé à dire:
« J'étais convenu de telle chose, mais je suis
« obligé de retirer ma parole : la disposition
« des Chambres me commande d'autres ré-
« solutions. »

Notre gouvernement se trouvera donc
dans une fausse position qui affaiblira sa
puissance morale, et ce sera bien pis si, nous-
mêmes, travaillons à le déconsidérer par des
quolibets, des épigrammes, des caricatures,
de grossières injures.

Voilà de graves inconvéniens inhérens à
tout régime représentatif, en le supposant
aussi bien combiné que possible, et je vais
établir que le nôtre l'est fort mal.

J'ai dit quelque part que nous manquons
d'institutions. Ce n'est pas en avoir effecti-

vement que d'en avoir de vicieuses, et notre Charte (notre pacte fondamental), est essentiellement vicieuse; elle contient le germe des luttes dont nous souffrons depuis si long-temps, et dont il n'est pas possible de prévoir le terme. L'observation qu'elle va me suggérer n'est pas nouvelle, mais, du moins à ma connaissance, elle n'a été qu'indiquée succinctement; je vais lui donner quelques développemens.

Suivant l'art. 12, au Roi seul appartient la puissance exécutive. Suivant l'art. 13, le Roi est le chef suprême de l'État; il commande les forces de terre et de mer, déclare la guerre, fait les traités de paix, d'alliance de commerce, nomme à tous les emplois d'administration publique.

Voilà qui est clair, precis, sans la plus légère équivoque; les prérogatives de la royauté sont bien définies; elle n'est soumise à aucun contrôle, elle possède toute la puissance d'une magistrature suprême : c'est là de la monarchie pure.

Eh bien! tout cela qui paraît si clair ne

l'est pas du tout. Survient l'art. 40, ainsi conçu : « Aucun impôt ne peut être établi ni
« perçu s'il n'a été consenti par les deux
« Chambres et sanctionné par le Roi. »

Que disent à ce sujet les deux Chambres?
« Puisqu'on nous a investis du droit de vo-
« ter les impôts, certes, ce ne peut être que
« dans l'intention de nous imposer le devoir
« d'en examiner, d'en surveiller l'emploi;
« autrement, que signifierait notre consen-
« tement aveugle à toutes les demandes qui
« nous seraient présentées par pure forme?
« Notre concours serait-il alors autre chose
« qu'une dérision ?

Et, partant de là, les deux Chambres se prétendent le droit de prendre leur part du gâteau royal, de s'immiscer dans tous les détails de l'administration ; non-seulement d'émettre un avis, mais encore d'imposer leur volonté, en sorte que ce gouvernement, monarchique au premier aperçu, se transforme aussitôt en franche république.

Le Roi fera-t-il une déclaration de guerre, les Chambres s'avanceront respectueusement

et lui diront : « Sire, daigneriez-vous nous
« dire pourquoi vous faites la guerre? »

Et le Roi répondra : « J'ai le droit de faire
« la guerre lorsque je la juge nécessaire; rien
« dans la Charte ne m'oblige à vous rendre
« compte de mes actes : je n'ai donc rien à
« vous dire, Messieurs les Pairs, Messieurs
« les Députés, laissez-moi tranquille. »

Le Roi fera-t-il un traité de paix, aussitôt
les Chambres de lui représenter que ce traité
blesse les intérêts de la France, et qu'elles
ne le ratifieront pas.

Et le Roi répondra : « Vous parlez de ce
« que vous ne savez pas; vous n'êtes pas à
« portée de connaître si ce traité est bon ou
« mauvais, attendu qu'il se rattache à beau-
« coup de choses que vous ignorez complè-
« tement; quant à votre ratification, je ne
« vous la demande pas, et je n'en ai nulle-
« ment besoin, attendu que c'est moi qui ai
« le droit de faire les traités de paix, et non
« vous; ainsi vous avez eu tort de me dé-
« ranger, Messieurs les Pairs, Messieurs les
« Députés, laissez-moi tranquille ! »

« Ah! ah! diront les Chambres *in a parte*, « le Gouvernement le prend sur ce ton! « Nous saurons bien l'obliger à discuter avec « nous; à l'unanimité, nous rejetons le bud- « get. »

Ainsi, le Roi a le droit de faire la guerre... sous le bon plaisir des Chambres; le Roi a le droit de faire les traités de paix... sous le bon plaisir des Chambres; le Roi a le droit de faire les traités d'alliances... sous le bon plaisir des Chambres, des Chambres qui, pourtant, le reconnaissent pour le chef suprême de l'État.

Qu'on veuille bien m'expliquer à quoi cela ressemble.

Certainement, cela ne ressemble à rien de raisonnable. Nous voyons là deux prétentions en champ clos; d'un côté, la royauté, cuirassée de pied en cap des termes formels de ses deux articles, entend gouverner à sa guise, sans avoir à rendre de compte à personne; de l'autre, les Chambres, s'armant, tant bien que mal, des conséquences de leur article 40, soutiennent que le droit de vote entraîne nécessairement le droit d'examen, et que le droit d'examen entraîne le droit d'opinion, d'où elles concluent qu'elles ont un droit de vote sur tous les actes du gouvernement qui ne leur conviennent pas. Moi, j'en conclus qu'alors ce seraient elles qui gouverneraient, et je les prie de m'expliquer le sens des articles 12 et 13, ainsi que de ce titre qui précède l'art. 12 : *Forme du Gouvernement du Roi.*

Mais les deux adversaires combattent-ils à armes égales ?

La royauté s'appuie sur des pouvoirs nettement définis, qui ne provoquent pas la moindre interprétation, tandis que les Chambres s'appuient sur quoi ? Elles veulent s'immiscer dans les actes de gouvernement ? Où donc en puisent-elles le droit ? Ont-elles trouvé dans la Charte un seul mot tendant à le leur conférer ? Elles ne peuvent invoquer que des inductions d'un article qui s'occupe d'autre chose. L'avantage des armes n'est-il pas du côté de la royauté ?

Mais s'il fût entré dans l'intention des au-

teurs de la Charte de partager l'action gouvernementale entre les trois pouvoirs, pourquoi ne l'auraient-ils pas spécifié? Ils ont
bien su être clairs pour la royauté, pourquoi ne l'auraient-ils pas été pour les Chambres? Pourquoi auraient-ils dit : *Gouvernement du Roi*, lorsqu'il eût fallu dire : *Gouvernement des Trois Pouvoirs?* Pourquoi
auraient-ils dit : *au Roi seul appartient la
puissance exécutive*, s'il eût dû être obligé
de la partager avec les Chambres?

N'oublions pas que la Charte a été reprise
en sous-œuvre. N'oublions pas que ma remar-
que avait été faite bien avant 1830. Il serait
donc possible de dire : « La chambre de 1830
« n'ignorait pas la résistance que les deux
« pouvoirs satellites de la royauté éprou-
« vaient à pénétrer dans un sanctuaire qu'on
« prétendait devoir lui rester fermé. Elle
« n'ignorait pas que le seul article qu'ils pus-
« sent invoquer à l'appui de leur prétention
« était bien loin de s'exprimer assez explici-
« tement pour la justifier. Puisque cepen-
« dant elle n'a pas introduit dans la Charte

« de nouvelles dispositions plus formelles,
« évidemment c'est qu'elle considérait com-
« me une usurpation ce que les deux pou-
« voirs considéraient comme un droit; c'est
« qu'elle a bien entendu ne les faire entrer
« aucunement en partage avec la Royauté
« dans les actes d'administration, de Gou-
« vernement, de puissance exécutive. »

Je ne sais trop ce qu'il y aurait à répliquer à ce raisonnement. Pour moi, je ne le ferai pas, car, j'en suis intimement convaincu, nos Députés de 1830 ne savaient ce qu'ils faisaient, ils avaient perdu la tête, ils avaient envahi une position où ils n'étaient pas de force à se soutenir.

Alors, dira-t-on, nous voilà sous le régime de la monarchie absolue?

Plus que personne, je suis effrayé de tout pouvoir absolu. Mais, d'un autre côté, j'avoue qu'un Gouvernement représentatif qui ne nous a causé que des agitations sans produire aucun bien, j'avoue que ce gouvernement commence à m'ennuyer fort.

Au surplus, je ne discute pas des opinions,

mais la Charte, c'est-à-dire un fait; et il me paraît hors de doute que les ingrédiens monarchiques y sont en bien plus forte dose que les ingrédiens démocratiques; même la combinaison de l'amalgame est telle qu'il doit rejeter toute nouvelle quantité de ceux-ci qu'on voudrait y ajouter.

Toutefois, je ne puis nier que, d'après les termes de l'article 40, le vote d'impôt ne fournisse des armes aux Chambres, mais que conclure de là, que la Charte a été mal élaborée; c'est une œuvre illogique.

Comment pourrions-nous donc nous entendre avec une constitution qui ne s'entend pas elle-même ?

D'autres dispositions mériteraient bien aussi d'être mises à la réforme, et remplacées par de nouvelles mieux étudiées.

Il suffit qu'un des trois pouvoirs rejette une loi pour qu'elle soit ajournée, et rien ne limite le nombre de fois après lequel elle devrait être adoptée, malgré un refus réitéré. Ainsi un seul des trois pouvoirs se trouve de fait, plus fort que les deux autres, c'est-à-dire que la minorité l'emporte sur la majorité. Est-ce raisonnable? Et cette minorité l'emporte sur le Roi, qui se trouve par conséquent *plus faible qu'une seule des deux Chambres*, quoique chef suprême de l'État.

D'autre part, la royauté tenant en main le pouvoir exécutif, ne fera exécuter, autrement dit, ne sanctionnera aucune des lois adoptées par les Chambres, dont elle serait mécontente, et rien, absolument rien, ne peut l'y contraindre, que le fameux refus d'impôts, mesure extrême à laquelle on n'aurait certainement pas recours pour des lois de détail, quelle que fût leur importance. A son tour, voilà le Roi *plus fort à lui tout seul que les deux Chambres*.

Et puisque le Roi a le droit et le pouvoir d'annuler, par sa simple force d'inertie, toute loi qui ne lui plairait pas, à quoi sert le droit de proposition accordé aux deux Chambres? N'était-il pas plus raisonnable de laisser l'initiative au Roi, sauf, de la part des Chambres, à provoquer les mesures qui leur paraîtraient utiles. Si le Roi partage leur opinion, il proposera cette mesure, et il n'y a pas de raison pour qu'ensuite il la laisse en sommeil. S'il ne partage pas leur avis, il ne la présentera pas, et comme, en cas d'adoption préalable de la part des Chambres, il ne l'aurait pas sanctionnée, le résultat dans les deux systêmes est absolument le même, sauf, dans la dernière hypothèse, le temps perdu à des discussions infructueuses.

On a cru faire une brillante conquête dans la participation des Chambres à l'initiative de la présentation des lois. Comment n'a-t-on pas compris qu'on les parait seulement d'une faculté entièrement illusoire?

La Chambre de 1830 n'a donc rien trouvé de mieux à faire à la Charte que de l'illustrer de balivernes ?

J'ajouterai une dernière observation sur notre Charte.

D'après l'article 48, toute justice émane du Roi.

Voilà qui est encore précis, sans restrictions; mais je crains bien de découvrir un nouveau piège sous cette brillante apparence.

D'abord, suivant l'article 28, la Chambre des Pairs connaît des crimes de haute trahison et des attentats contre la sûreté de l'État.

Déjà une brèche à l'article 48, mais ceci est bien; il répugnerait au gouvernement d'être juge dans sa propre cause; ainsi cette exception est convenable, et si toute la Charte avait été dictée par le même esprit philosophique, je n'aurais à lui donner que des éloges. Malheureusement, voilà la seule goutte de bouillon limpide qu'il m'a été possible de puiser dans ce pot-au-feu mal écumé.

Poursuivons; article 53 : Nul ne pourra être distrait de ses juges naturels. Comme notre Charte semble avoir pris à tâche de se contredire, elle ne manque pas ici de faire elle-même ce qu'elle défend.

En effet, en matière criminelle, un Pair serait jugé par les Pairs; moi, je le serais par des épiciers, des banquiers, des pâtissiers, des rentiers, des limonadiers, etc. Mais, puisque toute justice émane de la royauté, mes seuls juges naturels sont ceux *qu'elle a nommés et institués pour l'administrer en son nom* (art. 48). Or, des épiciers, des banquiers, etc., ne sont pas des juges institués par le Roi; leur magistrature passagère n'est qu'une conquête d'empiètement sur la justice royale; en me soumettant à leur décision, l'on me soustrait à cette justice, on me distrait bien réellement à mes juges naturels.

Faut-il convenir que le jury soit une précieuse trouvaille? J'y consens, mais qu'on ne nous dise pas que toute justice émane du Roi, puisque c'est un mensonge. Il est évident que l'article 48, conçu dans des termes absolus, sans aucunes réserves, n'est qu'un leurre, qu'un appât trompeur.

Il semble, en effet, que l'on se soit ménagé le malin plaisir de tout accorder en profusion à la royauté pour, ensuite, par de petites dispositions sournoises, lui retirer tout en détail.

Aussi, pour connaître positivement la valeur de son lot, il suffit d'une simple soustraction dont je vais poser les termes en style allobroge : qui de tout ôte tout, combien reste-t-il? Sans être un savant calculateur, je crois pouvoir assurer qu'il ne reste pas grand'chose.

Dans ma revue rapide du Gouvernement représentatif, j'ai négligé les menus détails, le fretin.

Par exemple, des négocians, des manufacturiers, etc., sont-ils suffisamment préparés au rôle de législateurs, le plus difficile de la comédie sociale? Les lois peuvent-elles être convenablement discutées dans de grandes assemblées, presque toujours tumultueuses? Peuvent-elles l'être devant un public dont la présence provoque le désir de briller, et par conséquent le besoin d'amour-propre de dérouler de longs discours d'apparat, là où souvent de courtes observations seraient suffisantes? Peut-on raisonnablement appeler *discussion* une suite de plaidoyers qui, ne se répondant point l'un à l'autre, n'éclairent jamais l'objet des débats, et l'embrouillent tellement, au contraire, qu'on finit par n'y plus rien comprendre?

Il n'y aurait lieu de s'occuper de ces questions secondaires que si le Gouvernement représentatif ne renfermait pas des vices essentiels qui les rendent sans intérêt.

Mais il en est une plus importante, que je vais examiner en terminant ma critique.

Le Gouvernement représentatif jouit de la réputation du plus sûr dépositaire de l'intérêt général. Il n'y peut rien comprendre.

Pour le connaître, cet intérêt général, il faut dominer la société; il faut être placé assez haut pour pouvoir en embrasser l'ensemble; il faut connaître, en même temps, les besoins et les ressources des provinces les plus éloignées les unes des autres; être à portée de juger que telle industrie qui prend trop de développement exige des mesures tendant à en arrêter l'essor; que telle autre qui languit a besoin d'encouragemens; il faut être initié aux moindres mystères de la politique extérieure pour exciter, *quoique sans cause apparente*, telle branche de manufacture dont les produits trouveront subitement un écoulement inusité par suite d'un traité de commerce *dont le projet doit rester secret;* pour prendre toutes les précautions commandées par la prudence contre les éventualités d'une guerre que peuvent faire craindre de graves dissentimens diplomatiques, mais qu'il importe de ne pas paraître prévoir; pour se mettre en mesure de déjouer les projets secrets de telle puissance, ou de participer aux avantages qu'elle pourrait se procurer en les réalisant.

Ces exemples doivent suffire, je le pense,

pour faire comprendre à quelles conditions il est possible de prendre part *utilement* aux affaires publiques.

Réunissent-ils toutes ces conditions, les hommes élus pour débattre, dit-on, nos intérêts? Nos Députés sont-ils des hommes d'état initiés par leurs travaux, par de longues et profondes méditations, aux connaissances si diverses qui sont indispensables pour le gouvernement d'un empire? Nullement. Ils sont choisis parmi des banquiers, spéciaux en matière de *commerce d'argent;* des manufacturiers, spéciaux chacun dans la branche de commerce dont il s'occupe; des avocats spéciaux, il est vrai, en matière de législation, mais comme *légistes*, et il est bien différent de posséder à fond la connaissance de toutes les loïs existantes, ou d'être en état d'en faire de bonnes; des savans, hommes précieux, sans nul doute, pour la chimie, la minéralogie, l'astronomie, mais parfois entièrement étrangers aux affaires, et bien plus au courant de ce qui existe dans les profondeurs de la terre, ou de ce qui se passe dans le ciel, que des événemens de la société (1). On compte, il est vrai, parmi nos Députés, des fonctionnaires publics, mais ce sont encore des hommes renfermés dans une sphère étroite; des préfets, parfaitement instruits, je le suppose, de tout ce qui peut intéresser leur département respectif, mais de rien au-delà; des directeurs des domaines, des contributions indirectes, administrateurs restreints aussi à un horizon qu'ils toucheraient pour ainsi dire avec la main.

Nous avons donc un assortiment de spé-

______

(1) Je n'entends faire aucune allusion personnelle. Seulement, on m'accordera facilement, je le crois, que plus une science est étendue, compliquée, par conséquent, plus elle a exigé de travaux; elle a dû s'emparer de toutes les facultés de celui qui en a fait l'objet de ses veilles; il n'a pu consacrer aucun moment à l'étude d'autres sciences absorbant également la vie entière d'un homme. Ainsi, j'aurai d'autant moins de confiance dans un savant, *comme Député*, qu'il aura acquis plus de réputation dans sa spécialité, puisqu'il a été obligé de s'y renfermer exclusivement et d'éviter de s'en distraire par des travaux n'y ayant aucun rapport.

cialités à vue basse; mais une réunion de *vues basses* ne peut pas former une *vue longue* capable de procurer à nos assemblées législatives la faculté d'observer les intérêts généraux, lesquels restent donc hors de leur portée, pas plus qu'un assortiment de lorgnettes de spectacle ne me donnerait le moyen de distinguer les taches du soleil, tandis qu'une seule lunette me suffirait, pourvu qu'elle eût un fort grossissement.

D'ailleurs, nous sommes portés à considérer la chose qui nous occupe journellement comme la plus importante de toutes, par conséquent chaque Député s'efforcera de faire adopter les mesures intéressant cette chose, sans s'inquiéter, sans savoir même si d'autres ne seraient pas plus utiles, plus urgentes.

En outre, il aura à répondre aux vœux de ses commettans qui lui auront confié nécessairement le soin de faire prévaloir les dispositions dont ils peuvent tirer avantage. Le plus souvent, ils l'ont même choisi par la seule raison qu'il leur paraissait, plus que tout autre, en position de faire leurs affaires dans les bureaux des Ministres.

Il est tellement vrai que les Députés ne représentent pas les intérêts généraux, que, dans la Charte primitive, ils étaient qualifiés de *Députés des départemens*. On a rayé *des départemens*, mais la suppression de deux mots ne peut pas changer la nature des choses ; on n'a pas pu faire que des mandataires d'intérêts particuliers, même privés, fussent revêtus d'un autre caractère que celui de représentans de ces mêmes intérêts. Il n'existe donc pas réellement de représentans de la France.

De là, lutte entre tous ces intérêts particuliers ; de là, nécessité d'une sorte de commerce de transactions, car, si je consens à voter l'allocation du fonds que vous sollicitez pour la construction d'un pont sans utilité pour mon département, c'est à la condition que vous voterez pour l'établissement de mon chemin de fer, quoique vous n'en ayez nul souci.

De là, embarras pour le gouvernement,

qui n'obtient de suffrages favorables à des lois, dont l'utilité n'est pas comprise, qu'en cédant à des exigences d'un intérêt purement local, souvent très-secondaire, mais dont l'objet touche nos Députés autant que s'il leur était personnel; ils s'exposeraient à n'être pas réélus si leurs commettans pouvaient les regarder comme de mauvais hommes d'affaires. « Je voterai pour votre loi, « bourdonne-t-on autour du gouvernement, « mais il me faut des fonds pour la cons-« truction de tel pont, le percement de telle « route; » qui sait si, parfois, on n'ajoute pas : « Et, par-dessus le marché, vous ac-« corderez telle place à mon fils, telle place « à mon neveu, telle place à mon cousin. » Quelques personnes m'ont assuré que la chose n'est pas impossible.

En sorte que, pour faire adopter une loi d'un intérêt majeur, le gouvernement est contraint souvent de consentir à des dépenses qui pourraient être appliquées à des objets plus pressans, ou d'admettre dans les hauts emplois de l'administration des hommes moins capables que d'autres d'y rendre de véritables services, qui n'y ont aucun droit d'après leurs antécédens, et qui, de plus, ne lui sauront aucun gré de leur nomination, ne l'imputant pas à sa libre volonté, mais bien à une condition *sine qua non* d'un vote qui lui eût échappé s'il ne se fût pas décidé à l'acheter par un sacrifice à ses projets, à ses convictions, à sa prévoyance.

Que deviennent les intérêts généraux, au milieu de ce galimachis? Il n'en est pas plus question que de la culotte du roi Dagobert.

Que de choses il y aurait à dire pour expliquer comment ils sont sacrifiés, ces intérêts généraux! Mais il faudrait m'engager dans le domaine de la satire, et je ne veux pas m'affliger du tableau de nos misères. Il est temps que je cesse de m'occuper du Gouvernement représentatif; je ne l'aime pas, je ne l'ai pas dissimulé, mais je crois que, si je m'y appesantissais davantage, il ne tarderait pas à me faire pitié.

Je vais résumer les pensées principales de cet écrit :

1° Les institutions d'un peuple ont pour but de le contenir dans des règles considérées par lui comme des chaînes pesantes dont il doit travailler avec ardeur à se délivrer, tandis qu'elles sont nécessaires à son bien-être, à son existence même, en le garantissant des séductions d'une liberté qui, tôt ou tard, consomme la dissolution de la société, après en avoir rompu successivement tous les liens;

2° Il est hors de la nature des choses qu'un peuple consente à se charger de ces chaînes, par conséquent, elles doivent lui être imposées par d'autres; par conséquent, il ne doit pas régler lui-même ses institutions;

3° Le Gouvernement représentatif étant né de ce principe, que les peuples doivent faire leurs affaires eux-mêmes, ce gouvernement est nécessairement vicieux, puisqu'il est le produit d'une erreur;

4° Ce régime ne peut rien pour les intérêts généraux;

5° Il prépare insensiblement une banqueroute que le pays ne pourra pas éviter tôt
ou tard;

6° Divisant le peuple en partis groupés
sous des drapeaux de couleurs différentes, il
l'éloigne du drapeau national et fait dispa-
raître l'esprit de nationalité;

7° Le Gouvernement, sans unité, éprouve
des tiraillemens qui affaiblissent son action
vis-à-vis des autres peuples, et lui donnent
du désavantage sur eux;

8° Ayant pour essence le changement,
l'inconstance, il s'oppose à l'établissement
d'un ordre de choses régulier, constant, sans
lequel un peuple gaspille ses facultés pour
n'arriver à aucun résultat;

9° Enfin, notre Charte ne précisant pas,
de manière à ne donner ouverture à aucune
interprétation forcée, les limites des pouvoirs des deux Chambres, a fait naître, entre
elles et la royauté, un conflit qui n'aura de
terme qu'après une sérieuse révision de cette
Constitution, ou bien une victoire complète,

soit de la royauté sur la démocratie, soit de la démocratie sur la royauté.

Ces propositions sont bien contraires aux principes encore à la mode aujourd'hui, aux principes d'une philosophie trompeuse qui nous a fait bien du mal, et qu'il est temps de livrer à l'oubli. Ne nous bornons pas à nous arrêter, revenons sur nos pas.

« Et quoi! dira-t-on, tous les maux dé-
« versés si long-temps sur notre malheureuse
« France seront donc sans fruit! Cinquante
« années de calamités n'auront donc produit
« aucun bien! Tout sera donc perdu pour
« l'humanité ! »

Pour que rien ne soit perdu, il faut méditer la leçon sévère qu'il est facile de tirer de nos essais aventureux.

Pour que rien ne soit perdu, il faut que le Français s'étudie sérieusement pour ne s'apprécier qu'à sa juste valeur. Il a de brillantes qualités dont il peut s'énorgueillir, mais il a de grands défauts contre lesquels il doit se tenir en garde; qu'il tâche surtout de

se guérir de la maladie qui l'excite à se pré-
cipiter aveuglément à travers les innova-
tions.

Pour que rien ne soit perdu, il faut qu'il
se pénètre de cette vérité : si quelque peuple
est capable de se gouverner lui-même, ce
n'est pas lui.

FIN.